El rescate de las ballenas varadas

por Marianne Lenihan

Every effort has been made to secure permission and provide appropriate credit for photographic material. The publisher deeply regrets any omission and pledges to correct errors called to its attention in subsequent editions.

Unless otherwise acknowledged, all photographs are the property of Pearson.

Photo locations denoted as follows: Top (T), Center (C), Bottom (B), Left (L), Right (R), Background (Bkgd).

Opener: Digital Vision; 1 Digital Vision; 3 ©DK Images; 5 Digital Vision; 7 B. Jordan/ UNEP/Peter Arnold, Inc.; 9 ©DK Images; 12 Digital Vision.

ISBN 13: 978-0-328-53544-6
ISBN 10:   0-328-53544-3

Copyright © by Pearson Education, Inc., or its affiliates. All rights reserved. Printed in the United States of America. This publication is protected by copyright, and permission should be obtained from the publisher prior to any prohibited reproduction, storage in a retrieval system, or transmission in any form or by any means, electronic, mechanical, photocopying, recording, or likewise. For information regarding permissions, write to Pearson Curriculum Rights & Permissions, One Lake Street, Upper Saddle River, New Jersey 07458.

Pearson® is a trademark, in the U.S. and/or other countries, of Pearson plc or its affiliates.

Scott Foresman® is a trademark, in the U.S. and/or other countries, of Pearson Education, Inc., or its affiliates.

2 3 4 5 6 7 8 9 10 V0N4 13 12 11 10

Las ballenas son mamíferos marinos. A mucha gente le gustan por la melodía de sus canciones. Las canciones de las ballenas han sido llamadas sinfonías.

En general, las ballenas nadan fácilmente por el mar. Pero a veces se atascan en las aguas poco profundas o se encallan en la playa. En otras palabras, se quedan varadas.

Cuando una ballena está varada, el peso de su cuerpo presiona su corazón y sus pulmones. La ballena puede tener dificultades para respirar. Además, la temperatura de su cuerpo puede subir mucho al no estar refrescada por el agua del mar. Su piel puede resecarse, agrietarse y dolerle.

Así es como la gente ayuda a una ballena varada: la ballena es rodeada por voluntarios y científicos. Vierten agua fría y hielo molido sobre ella para mantenerla fresca. Los científicos usan sus suministros para realizarle exámenes médicos.

A veces, lo único que las ballenas varadas necesitan es mantenerse frescas y tranquilas hasta que la marea suba. Luego, los rescatadores las reúnen en un grupo y las llevan hasta aguas más profundas. Si las ballenas hallan un canal profundo, pueden nadar hasta mar adentro.

Los científicos no entienden del todo por qué las ballenas se quedan varadas. Una de las hipótesis es que la ballena líder se enferma y pierde el rumbo. Entonces las otras ballenas del grupo la siguen. Otra hipótesis es que el mal tiempo, como una tormenta o un huracán, afecta el sentido de orientación de las ballenas.

En 1986, en Eastham, Massachusetts (un antiguo asentamiento de colonos), tres jóvenes ballenas calderón quedaron varadas. Habían llegado a una bahía poco profunda.

La gente pidió la ayuda de científicos. Una multitud esperó nerviosamente en la playa hasta que llegaron. Los científicos examinaron las ballenas y decidieron llevarlas a un acuario para cuidarlas.

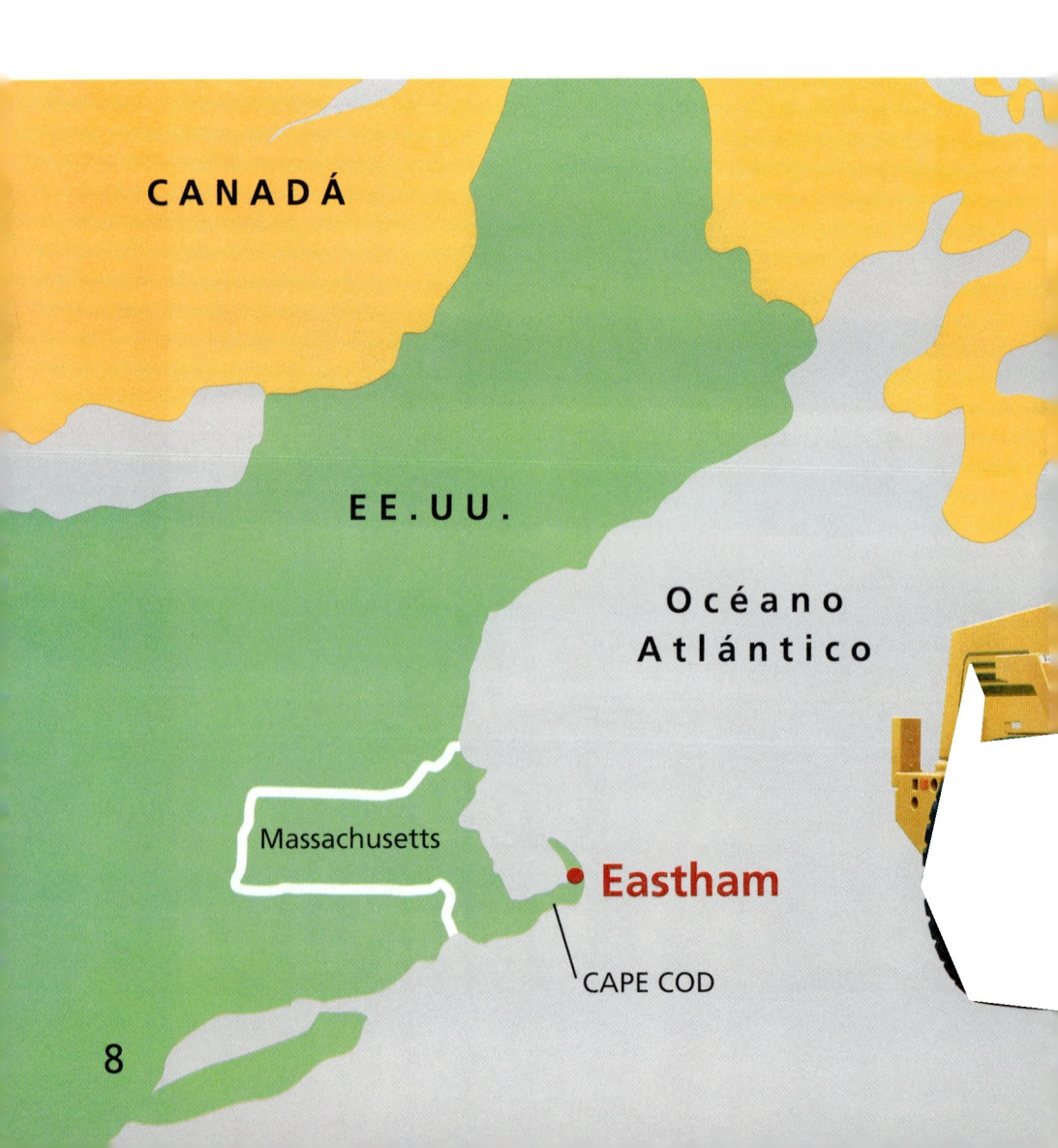

CANADÁ

EE.UU.

Océano Atlántico

Massachusetts

Eastham

CAPE COD

Las jóvenes ballenas fueron colocadas en camillas. Luego, unas máquinas cargadoras las levantaron y colocaron en un camión. Solamente las máquinas podían mover las pesadas ballenas. Una a una, las tres fueron levantadas y colocadas suavemente en un camión.

En el acuario, una grúa las sacó del camión y las puso en un depósito de agua. Les tomó a las jóvenes ballenas unos días adaptarse a la vida del acuario. Comían pequeños peces rellenos con vitaminas y medicamentos.

Este diario muestra lo que pasó el día en que las ballenas estaban listas para ser devueltas al mar.

DIARIO DE RESCATE DE BALLENAS

8:00 A.M. Sacan casi toda el agua del tanque del acuario.

9:00 A.M. Sacan las ballenas del tanque en camillas.

10:00 A.M. Levantan las camillas con grúas y las ponen en un camión.

11:00 A.M. El camión lleva las ballenas a un barco grande.

2:00 P.M. Cargan las ballenas en el barco.

4:00 P.M. El barco zarpa hacia aguas profundas.

6:00 P.M. Los científicos del barco buscan un grupo de ballenas.

7:00 P.M. Avistan un grupo de ballenas. Los científicos colocan en cada ballena rescatada una etiqueta especial de radiofrecuencia para rastrearlas.

8:30 P.M. Levantan las camillas con una grúa. Bajan las ballenas a una jaula especial colocada junto al barco.

12:00 A.M. Las ballenas se han adaptado al océano nuevamente. Abren la jaula. Las ballenas nadan para encontrarse con su nuevo grupo. Todos festejan.

Las ballenas saben cuando están en peligro. Usualmente cooperan con sus rescatadores humanos. Aunque algunos rescates no tienen éxito, muchas ballenas han sido devueltas al océano sin problemas.